课程标准编委会

顾　　问：方国恩　李晓捷　陈文华　杜　青
　　　　　王　刚　邱卓英　杜　勇　黄鹤年
领导小组：黄昭鸣　谢敬仁　孙喜斌　杜晓新
专家小组：刘巧云　万　勤　万　萍　卢红云
　　　　　周林灿　张　青　胡金秀　王勇丽
　　　　　高晓慧　刘　杰　李孝洁　张奕雯
　　　　　张梓琴　尹敏敏

本课程标准编委会

顾　　问：杜晓新
主要执笔人：尹　岚　白银婷　张国栋
参与执笔人：段弘艳　周琳华　钟　琴　刘　杰
　　　　　丁忠冰　许文飞

医学·教育康复行业课程标准与实施指南

儿童认知障碍康复课程标准

华东师范大学中国言语听觉康复科学与ICF应用研究院
华东师范大学康复科学系（听力与言语康复学专业、教育康复学专业）
中国教育技术协会教育康复专业委员会
中国残疾人康复协会语言障碍康复专业委员会
中国优生优育协会儿童脑潜能开发专业委员会

组织编写

南京师范大学出版社
NANJING NORMAL UNIVERSITY PRESS

图书在版编目（CIP）数据

儿童认知障碍康复课程标准 / 华东师范大学中国言语听觉康复科学与 ICF 应用研究院等组织编写. — 南京：南京师范大学出版社, 2020.8

（医学·教育康复行业课程标准与实施指南）

ISBN 978-7-5651-4590-2

Ⅰ. ①儿… Ⅱ. ①华… Ⅲ. ①儿童—认知障碍—教育康复—课程标准 Ⅳ. ① G764

中国版本图书馆 CIP 数据核字 (2020) 第 060602 号

书　　名	儿童认知障碍康复课程标准
丛 书 名	医学·教育康复行业课程标准与实施指南
作　　者	华东师范大学中国言语听觉康复科学与 ICF 应用研究院 华东师范大学康复科学系（听力与言语康复学专业、教育康复学专业） 中国教育技术协会教育康复专业委员会 中国残疾人康复协会语言障碍康复专业委员会 中国优生优育协会儿童脑潜能开发专业委员会
责任编辑	孙　沁
出版发行	南京师范大学出版社
地　　址	江苏省南京市玄武区后宰门西村 9 号（邮编：210016）
电　　话	（025）83598919（总编办）　83598412（营销部）　83373872（邮购部）
网　　址	http://press.njnu.edu.cn
电子信箱	nspzbb@njnu.edu.cn
照　　排	南京凯建文化发展有限公司
印　　刷	南京玉河印刷厂
开　　本	880 毫米 × 1230 毫米　1/32
印　　张	2
字　　数	56 千
版　　次	2020 年 8 月第 1 版　2020 年 8 月第 1 次印刷
书　　号	ISBN 978-7-5651-4590-2
定　　价	12.00 元
出 版 人	张志刚

南京师大版图书若有印装问题请与销售商调换
版权所有　侵犯必究

序

残疾人事业是中国特色社会主义事业的重要组成部分。关注残疾人的康复与教育问题，改善残疾人的生存生活状况，促进残疾人事业的发展，已成为全面建设小康社会和构建社会主义和谐社会一项重要而紧迫的任务。

我国第二次残疾人口抽样调查的数据表明，全国现有残疾人口 8 296 万，占我国总人口的 6.34%，涉及 2.4 亿人口家庭，有 400 万残疾儿童需要接受医疗、康复和教育。这些年来，我国的医疗卫生、特殊教育、民政、残联等机构和部门的残疾儿童康复与教育工作也取得了显著成效；但我国残疾人事业基础还较薄弱，残疾人社会保障政策措施尚不够完善，残疾人在基本生活、医疗卫生、康复、教育、就业、社会参与等方面还存在许多困难，他们的总体生活状况与社会平均水平之间仍存在较大差距。残疾人仍然是社会中一个特殊的弱势群体，他们多数仍然生活在社会的底层，离平等参与社会生活、共享人类文明成果的目标还甚远。

本世纪初，随着社会康复需求的不断增加，我们立足国际最先进的理念与国内发达地区最早的社会需求，萌生建立中国的教育康复学的念想。客观讲，我国的残疾儿童的医疗康复服务主要由医院、康复机构承担，教育主要由学前教育机构、特殊教育学校提供。近些年来，学界和政府有关部门开始关注这种康复与教育分离的模式能否真正满足残疾儿童的发展与成长需求。随着医教结合、综合康复理念在我国医学康复、教育康复领域渐成共识，医学·教育康复由此应运而生，医学·教育康复行业课程标准与实施指南的制定亦进入专家学者们的研究视野。

医学·教育康复是研究如何为兼具康复与教育双重需求的特殊需要儿童提供系统、科学的技术支持与同步服务的学科。我们组织教育、医疗、康复学界众多专家学者组建课题攻关团队,以若干国家、省(市)部级重大重点课题及前期成果为支撑,经过不懈努力,2013 年经教育部批准,华东师范大学在全国率先成立教育康复学专业。教育康复学专业的诞生,既填补了我国高等院校相关学科的空白,同时又对我国特殊教育、听力和言语康复、康复治疗的科学发展,对方兴未艾的"医教结合"新模式的推广,对复合型特殊教育师资、康复治疗师的培养,对残疾人教育、医疗、康复质量及水平的提高等具有重要意义。

目前不少进入学前教育机构、特殊教育学校的儿童还无法清楚说话、难以执行简单指令,甚至无法安坐,带病上学成为特殊需要儿童的入学常态,教学目标很难实现,需要针对性的康复课程介入。例如,《培智学校义务教育课程标准》明确将康复训练列为其重要内容。当学生粗大动作和精细动作发展存在显著迟缓或功能障碍时,应从物理治疗和作业治疗等相应领域开展康复训练;当学生在言语、语言发展上出现明显迟缓,存在语音、流畅性、语法、语义等方面困难时,应进行言语语言康复训练;当学生出现注意缺陷、多动、行为问题、情绪障碍、人际交往困难时,应开展心理治疗、行为矫正与行为支持、音乐治疗和游戏治疗等康复训练。康复课程不分学段,应根据学生的特殊需求,在世界卫生组织 ICF 框架下采用"评估—训练—评估"的模式进行,最终达到预期的康复效果。

为解决这些问题,受教育部委托,华东师范大学在全国范围遴选特殊教育学校进行"医教结合"实验,以期残疾儿童在学前教育机构、特殊教育学校接受教育的同时,也能获得针对性的医疗和康复服务。我们在全国 18 所医教结合实验校和 21 所医教结合师资培训基地的实践表明:医教结合的康复教育新模式对于残疾儿童的医疗康复效果极佳,家庭经济负担大为减轻,教育质量得到明显提高,这种"医教结合,综合康复"的模式具有强大的生命力。

近几年,在华东师范大学中国言语听觉康复科学与ICF应用研究院、康复科学系(听力与言语康复学专业、教育康复学专业)的努力下,在中国教育技术协会教育康复专业委员会、中国残疾人康复协会语言障碍康复专业委员会、中国优生优育协会儿童脑潜能开发专业委员会的支持下,在全国医教结合师资培训基地的配合下,专家组研制了医学·教育康复行业课程标准,课程标准具体包括:《言语障碍康复课程标准》《儿童语言康复课程标准》《儿童认知障碍康复课程标准》《儿童情绪行为障碍干预课程标准》《儿童运动康复课程标准》《听障儿童听觉言语康复课程标准》《康复仪器设备与教学信息化配备标准》等。

本系列课程标准有助于规范指导康复教师和康复治疗师使用康复设备及专业工具,对障碍者采用定量与定性的综合方法进行评定、制订方案、实施康复训练、跟踪康复效果,同时提供康复咨询与指导。

此外,本系列课程标准还另外配套了与康复关系密切的四门课程的实施指南:《智力障碍儿童生活语文学科实施指南》《智力障碍儿童生活适应学科实施指南》《智力障碍儿童生活数学学科实施指南》《智力障碍儿童心理健康学科实施指南》。

本系列课程标准与实施指南既可作为大学本科、研究生或高职院校康复治疗学、听力与言语康复学、言语听觉康复技术以及教育康复学和特殊教育学专业教学参考使用,也可为医院、康复机构、特殊教育学校及民政福利机构等相关部门开展残疾儿童各板块康复的评估、治疗、监控、教学、管理和研究工作使用。我们期待本系列课程标准与实施指南能为中国康复教育事业的发展做出贡献,同时也期待本套课程标准与实施指南在实践中渐趋完善,成为一套言之有理、操之有物、行之有效的临床或一线教育康复的工作指南。

《医学·教育康复行业课程标准与实施指南》编写委员会
2020年4月

目　录

- 一、导言 ········· 001
  - (一)课程定位 ········· 001
  - (二)课程理念 ········· 001
  - (三)设计思路 ········· 002

- 二、课程目标 ········· 004
  - (一)总目标 ········· 004
  - (二)阶段目标 ········· 004

- 三、课时设置 ········· 005

- 四、课程内容 ········· 006
  - (一)启蒙训练 ········· 006
  - (二)认知能力训练 ········· 012

- 五、课程实施建议 ········· 017
  - (一)训练建议 ········· 017
  - (二)评价建议 ········· 019

附录1 认知障碍精准评估与康复训练规范化操作 ………… 022

附录2 核心词语的认知规范化操作 ……………………… 043

一、导言

（一）课程定位

认知是人认识客观世界的心理活动，包括感知、注意、记忆、思维和表象等。认知能力是个体接收、加工、储存和应用信息的能力。

认知康复课程主要是针对学前和学龄阶段的儿童在视听感知、注意、观察、记忆、思维和表象等方面的不足与障碍，进行康复训练的课程，是儿童进行其他课程学习的基础。

本康复课程针对儿童认知障碍的特点，通过有计划、有步骤的启蒙训练和认知能力训练，丰富儿童的早期认知经验，提高儿童现有的认知水平，为他们今后的学习与生活奠定基础。

本康复课程的使用者为康复治疗师或康复教师。康复治疗师是指使用康复设备及专业工具对认知障碍者采用定量与定性的综合方法进行评定、制订方案、实施康复训练，跟踪康复效果，以及提供康复咨询与指导的专业人员。康复设备是指医疗器械分类目录中定义的认知障碍康复设备。

（二）课程理念

1. 以"医教结合"为指导思想

结合现代康复医学、特殊教育学与认知心理学的新理念与新方法，构建了"障碍儿童综合康复体系"，认知康复是该体系的重要组成部分，它与障碍儿童语言能力的发展与学习能力的提高有着密切的联系。

2. 以认知相关理论为依据

本康复课程以现代康复医学、学习策略与 PASS（Planning-Arousal-Simultaneous-Successive，即计划—注意—同时性加工—继时性加工）理论为依据，根据现代康复医学的对象和手段，明确目前特殊教育对象的康复需要；根据学习策略理论，将认知策略和元认知策略的训练有机结合；根据"PASS 理论"，将继时性编码与同时性编码训练结合起来，全面构建障碍儿童认知康复课程体系。

3. 以普通儿童认知发展规律为依据

由于身心障碍儿童各项认知能力的发展相对滞后，但是仍然按照一般的发展顺序向前发展。因此，本课程以普通儿童认知发展规律为依据，了解认知障碍儿童现有的认知发展水平，遵循从具体到抽象、从简单到复杂、从低级到高级的发展原则，进行有针对性的认知训练。

4. 以儿童个体差异为认知训练依据

认知障碍儿童个体差异较大，针对每个儿童认知障碍的不同特点，通过"ATM（评估—治疗—监控）操作模式"，制定并实施属于每个儿童的认知康复训练方案，从而使不同障碍水平的儿童都得到相应的补偿和发展。

（三）设计思路

1. 康复课程整体设计思路

针对儿童的认知障碍的特点，依据启蒙训练、认知能力训练阶梯式认知康复训练架构设计本康复课程（如图 1）。

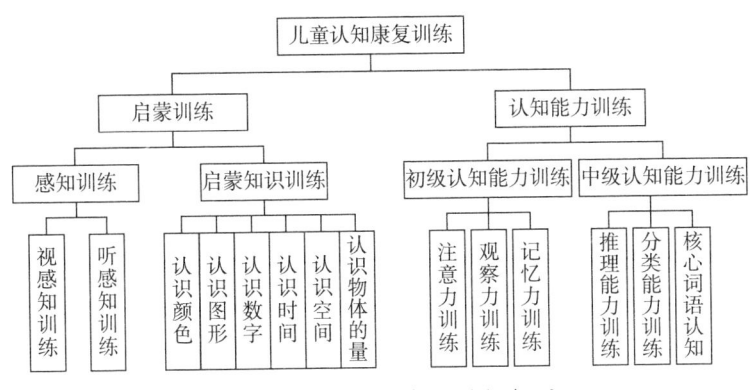

图 1 儿童认知康复训练框架图

2. 康复课程标准设计思路

康复课程标准的编写强调从认知障碍儿童的个体差异入手,找到认知障碍儿童的康复难点所在,强调补偿、按需设计康复课程的理念。

(1)认知康复目标分为总目标与阶段目标。

总目标概述障碍儿童通过认知康复训练可能达到的认知能力水平,阶段目标分别从启蒙训练、认知能力训练两个阶段阐述了认知障碍儿童可能达到的认知能力水平。

(2)康复课程体现阶段性、可操作性。

康复训练内容是依据认知障碍儿童认知能力发展由简单到复杂、由低级到高级的基本趋势来编排的,逐步提升认知障碍儿童的认知能力,使认知障碍儿童进一步适应生活和学习的需求。

认知康复训练阶段的内容分项列出,两个阶段分别列出每一训练项目的康复建议,包括训练材料、训练方法、注意事项等,突出实用性和可操作性。

(3)康复课程实施突出指导性。

康复课程实施部分从认知障碍儿童的特点出发,提出若干康复建议、精准评估的指导性原则和保障课程实施的措施。

二、课程目标

（一）总目标

通过对康复对象视听感知、注意、观察、记忆、想象、逻辑思维等基本认知过程的训练，增强他们对日常事物的认知能力，从而能逐渐学会正确认识外界事物，懂得生活常识与自然常识等，全面培养和提升康复对象的综合认知水平。

（二）阶段目标

1. 启蒙训练阶段

（1）能注视到不同位置的固定点或线和沿不同方向运动的点或线。

（2）视线能跟随有规律运动的点、线或笔画和沿不同路径运动的物体。

（3）能感知不同频率和相同频率不同响度的声音。

（4）能辨别出不同频率、不同响度的声音和环境声、乐器声、元音、辅音。

（5）能配对、指认、命名三原色和常见的混合色。

（6）能配对、指认、命名基本的平面图形和立体图形。

（7）能掌握10以内的计数，认识10以内的数字并掌握简单运算。

（8）能认识时序、时钟和初步认知时距。

（9）能指认、命名两个或三个物体的上下、前后、里外、左右等方位。

（10）能配对、比较与命名两个或三个物体的大小、多少、长短、粗细、轻重等。

2. 认知能力训练阶段

（1）能通过视觉通道、听觉通道和视听结合的方式注意目标对象。

（2）能通过特征观察、顺序观察和视觉分割的方法找出目标对象。

（3）能用复述、排序、联想的方法进行记忆。

（4）能进行传递性推理、数字图形推理和序列性推理。

（5）能按物体的外部特征、功用及内部属性进行分类，能结合目标对象的两个特征进行分类，能找出类别不同的目标对象。

（6）能指认、命名常见的人物、物品的名称，了解其属性和特征等。

三、课时设置

学前阶段，根据障碍儿童对认知训练的需求，灵活设置康复课程时间。

学龄阶段，对有认知需求的障碍儿童，在低年级段（1~3年级）应保证本课程每周不少于3课时，每学期总课时数不少于60课时的训练时间；在中、高年级应保证本课程每周不少于1~2课时，每学期总课时数不少于20课时的训练时间。

各医院、康复中心和特殊教育学校根据障碍儿童的实际情况，对有严重障碍的儿童按需增加训练时间。

四、课程内容

(一) 启蒙训练

康复训练项目		康复目标与内容	康复训练建议
感知训练	视觉 注视	(1) **固定点线** 能注视到不同位置的固定点或线。如能注视到出现在不同位置的光点；能注视视觉眼前飘过的彩带。 (2) **移动点线** 能注视到沿不同方向运动的点或线。如能注视到不规则移动的光点；能注视到上下飘动的荧光带。	(1) 康复训练准备 推荐参考书：《特殊儿童认知能力训练的原理与方法》，杜晓新、冯震著，华东师范大学出版社；《元认知与学习策略》，杜晓新、冯震著，人民教育出版社。 推荐设备：认知能力测试与训练仪－前语言唤醒（医疗器械分类目录2017年）。 (2) 康复训练方法 在训练的过程中，重点关注康复对象的表现，观察其对视觉刺激的相应反应。 尽量利用多媒体视频、康复辅助用具、教具学具可多选择色彩鲜艳、贴近生活的实物玩具或图片，吸引康复对象的注意力。
	视觉 追踪	(1) **点线追踪** 视线能跟随有规律运动的点、线或笔画。如能追随沿三角形运动的光点/线，并能指认出呈现过的形状；能追随简单汉字的运动笔画，并手指认出呈现过的简单汉字。 (2) **物体追踪** 视线能追随沿不同路径（直线、曲线）运动的物体。如能追随沿某一方向开动的小汽车；能追随沿不规则轨道滑下的弹珠。	(1) 康复训练准备 推荐参考书：《特殊儿童认知能力训练的原理与方法》，杜晓新、冯震著，华东师范大学出版社；《元认知与学习策略》，杜晓新、冯震著，人民教育出版社。 推荐设备：认知能力测试与训练仪－前语言唤醒（医疗器械分类目录2017年）。 (2) 康复训练方法 可以采用实物、图片或多媒体等来激发儿童的兴趣。训练时呈现的目标物为一个，目标物呈现的大小和远近要适中。目标物移动的要有一定的规律，如移动的方向先左右再上下，移动的速度由慢到快，移动的角度由小到大，移动的线路从直线到曲线。

续表

康复训练项目		康复目标与内容	康复训练建议
听觉感知训练	1. 听觉察知	（1）频率察知 能感知不同频率（高、中、低）的声音。如播放相同响度不同频率的声音时，判断是否有声音。 （2）响度察知 能感知相同频率不同响度（强、中、弱）的声音。如播放相同频率不同响度的小猫叫声，判断是否有声音。	（1）康复训练准备 推荐参考书：《特殊儿童认知能力训练的原理与方法》，杜晓新著，华东师范大学出版社；《元认知与学习策略》，杜晓新、冯震著，人民教育出版社。 推荐设备：听觉康复训练仪（医疗器械分类目录，2017年）。 （2）康复训练方法 声音刺激应尽可能音量适当，不可过于强烈，以免康复对象产生不适感。在训练时，要保持安静的环境，频率和响度可按规律变化逐渐过渡到随机变化，以避免康复对象产生单调感、疲劳感。
	2. 听觉辨别	（1）频率辨别 能辨别出不同频率的声音。如依照参照音的频率，感知目标声音的高、中、低；能够分辨出两个目标声音的频率"一样"或"不一样"。 （2）响度辨别 能辨别出不同响度（强、中、弱）的目标声音。如依照参照音的响度，感知目标声音的强、中、弱；能够分辨出两个目标声音的响度"一样"或"不一样"。 （3）复音辨别 能辨别出环境声、乐器声、元音、辅音。如能感知不同类型的目标声音；能够分辨出两个目标声音的类型"一样"或"不一样"。	（1）康复训练准备 推荐参考书：《特殊儿童认知能力训练的原理与方法》，杜晓新著，华东师范大学出版社；《元认知与学习策略》，杜晓新、冯震著，人民教育出版社。 推荐设备：听觉康复训练仪（医疗器械分类目录，2017年）。 （2）康复训练方法 声音素材的选择以康复对象熟悉的乐器声、动物叫声、自然环境声、日常活动声为宜。 频率和响度辨别训练要由易到难，从差异最大的两个声音开始，逐渐减少差异。 在所有辨别训练中，尽量避免视觉信息的提示及其他听觉信息的干扰。

续表

康复训练项目		康复目标与内容	康复训练建议
启蒙认知训练	1. 认识颜色	(1) 认识基本颜色 能配对、指认，命名三原色（红、黄、蓝）。如能找出与目标颜色相同的物体；找出指定颜色的物体；说出指定物体的颜色。 (2) 认识混合颜色 能配对、指认，命名常见的混合颜色（绿、橙、黑等）。如能找出与目标颜色相同的物体；找出指定颜色的物体；说出指定物体的颜色。	(1) 康复训练准备 推荐参考书：《元认知与学习策略》，杜晓新著，华东师范大学出版社；《特殊儿童认知能力训练的原理与方法》，杜晓新、冯震著，人民教育出版社。 推荐设备：认知康复训练平台，认知能力测试与训练仪（医疗器械分类目录，2017年），智慧康复（认知康复课件）。 (2) 康复训练方法 遵循儿童颜色习得规律，从认识单色到混合色。按照感知、配对、指认、命名的顺序进行教学。在认识混合色时，康复治疗师要操作演示，以感知为主。
	2. 认识图形	(1) 认识平面图形 能配对、指认，命名基本的平面图形（如圆形、三角形、正方形等）；认识平面图形的分合对称*。 (2) 认识立体图形 能配对、指认，命名基本的立体图形（如正方体、球体、圆柱体等）。找出指定的立体图形相同的物体；找出指定的立体图形；直接说出物体的形状。	(1) 康复训练准备 推荐参考书：《特殊儿童认知能力训练的原理与方法》，杜晓新著，华东师范大学出版社；《元认知与学习策略》，杜晓新、冯震著，人民教育出版社。 推荐设备：认知康复训练平台，认知能力测试与训练仪（医疗器械分类目录，2017年），智慧康复（认知康复课件）。 (2) 康复训练方法 借助现代化媒体、丰富生活体验、各种各样实物、教学模型，通过观察动手操作，认识平面图形，了解相应图形的角和边。运用视觉、触觉、感知立体图形，使儿童了解平面图形与立体图形的区别。

续表

康复训练项目		康复目标与内容	康复训练建议
启蒙知识训练	3. 认识数字	（1）计数能力 能掌握10以内的口头数数、按物点数、按数取物。 （2）数的认识 能认识10以内的数字，能将数字和相同数量的物体匹配，认识序数、相邻数和单双数。 （3）简单运算 掌握10以内数的分解与组合，学习10以内数的加减法。	（1）康复训练准备 推荐参考书：《特殊儿童认知能力训练的原理与方法》，杜晓新著，华东师范大学出版社；《元认知与学习策略》，杜晓新、冯震著，人民教育出版社。 推荐设备：认知康复训练平台，认知能力测试与训练仪（医疗器械分类目录，2017年），智慧康复（认知康复课件）。 （2）康复训练方法 利用实物、图片，教具和多媒体，提高儿童的兴趣与注意力，让儿童在动手操作中学会计数，认识数字，单运算。 在计数能力的训练中，重点要求儿童能手口一致地数数。
	4. 认识时间	（1）时序认知 能认识早、中、晚；认识昨天、今天、明天；认识星期；认识四季；认识年。 （2）认识时钟 能认识时钟面的构成（数字、分针、时针）；认识整点和半点。 （3）时距认知* 能猜出两个物体发声或运动的时间是否相同。如指出两段声音持续时间是否相同。	（1）康复训练准备 推荐参考书：《特殊儿童认知能力训练的原理与方法》，杜晓新著，华东师范大学出版社；《元认知与学习策略》，杜晓新、冯震著，人民教育出版社。 推荐设备：认知康复训练平台，认知能力测试与训练仪（医疗器械分类目录，2017年），智慧康复（认知康复课件）。 （2）康复训练方法 在时序认知过程中，应结合儿童自己的生活经验，如用自己的生活体验或照片等来学习。 在认识时钟过程中，借助钟面以及拨珠等教具，让儿童动手操作，帮助儿童更形象地了解钟面，认识整点和半点。从熟悉的进位规则过渡到时间的进位规则。

009

续表

康复训练项目		康复目标与内容	康复训练建议
启蒙知识训练	5. 认识空间	（1）认识上下 能指认、命名两个或三个物体的上下方位。如指认、命名以自我为参照的上下方位；指认、命名以客体为参照的上下方位。 （2）认识前后 能指认、命名两个或三个物体的前后方位。如指认、命名以自我为参照的前后方位；指认、命名以客体为参照的前后方位。 （3）认识里外 能指认、命名两个或三个物体的里外方位。如指认、命名以自我为参照的里外方位；指认、命名以客体为参照的里外方位。 （4）认识左右 能指认、命名两个或三个物体的左右方位。如指认、命名以自我为参照的左右方位；指认、命名以客体为参照的左右方位。	（1）康复训练准备 推荐参考书：《特殊儿童认知能力训练的原理与方法》，杜晓新著，华东师范大学出版社；《元认知与学习策略》，杜晓新、冯震著，人民教育出版社。 推荐设备：认知康复训练平台，认知能力测试与训练仪（医疗器械分类目录，2017年），智慧康复（认知康复课件）。 （2）康复训练方法 在进行上下空间概念的训练时，要充分利用实物、图片或多媒体，清晰地呈现或者描述参照点与目标物之间的关系，提供的参照点应先以儿童自身为主，然后再过渡到参照其他事物。注重在生活中不断强化和运用上下、前后、左右等空间概念。

四、课程内容

续表

康复训练项目		康复目标与内容	康复训练建议
启蒙知识训练	6. 认识物体的量	（1）认识大小 能配对，比较与命名两个或三个物体的大小。如能找出两个目标物体相同大小的物体；能指认和说出两个物体中最大的和最小的。 （2）认识多少 能配对，比较与命名两种或三种物体数量的多少。如能找出两种目标物体相同数量的多少；能指认和说出多种物体中最多的和最少的。 （3）认识长短 能配对，比较与命名两个或三个物体的长短。如能找出两个目标物体相同长度的长短；能指认和说出多个物体中最长的和最短的。 （4）认识粗细 能配对，比较与命名两个或三个物体的粗细。如能找出两个目标物体相同粗细的粗细；能指认和说出多个物体中最粗的和最细的。 （5）认识轻重 能比较与命名两个或三个物体的轻重。如能指认出两个目标物体的轻重；能指认和说出多个物体中最重的和最轻的。	（1）康复训练准备 推荐参考书：《特殊儿童认知能力训练的原理与方法》，朴晓新著，华东师范大学出版社；《元认知与学习策略》，朴晓新、冯震著，人民教育出版社。 推荐设备：认知康复训练平台，认知能力测试与训练仪（医疗器械分类目录，2017年）、智慧康复（认知康复课件）。 （2）康复训练方法 训练时要引导康复对象多感官并用。康复辅助用具、教具学具的演示和操作时，可以从最大差异量的两个物体开始，由易到难，逐渐缩小两个物体间的差异，并能在多个物体的比较中，帮助康复对象理解这些量的差异都是相对的。

备注：*代表可选内容，即根据儿童的能力水平，选择是否作为康复训练目标与内容。

011

(二) 认知能力训练

康复训练项目		康复目标与内容	康复教学建议
初级认知能力训练	1. 注意力训练	(1) 视注意力训练 能通过视觉通道注意目标对象。如能按指令在不同图片中找出相应的图片等。 (2) 听注意力训练 能通过听觉通道注意目标对象。如播放儿童歌曲《数鸭子》时，要求认知障碍儿童数出儿歌中出现"鸭"的次数等。 (3) 视听结合注意力训练 能通过视觉和听觉通道相结合的方式注意目标对象。如先让认知障碍儿童听故事，里面会出现苹果、西瓜和草莓三种水果，当听到"苹果"时，就让认知障碍儿童指一指相应图片等。	(1) 康复训练准备 推荐参考书：《特殊儿童认知能力训练的原理与方法》，杜晓新著，华东师范大学出版社；《元认知与学习策略》，杜晓新、冯震著，人民教育出版社。 推荐设备：认知能力测试与训练平台，智慧康复（认知康复仪（医疗器械分类目录，2017年）、课件）。 (2) 康复训练方法 在视注意力训练时，尽量避免听信息的干扰或提示。在听注意力训练时，尽量避免视觉信息的干扰或提示。在视听结合训练时，注意所示图片应由少到多、语音播放速度由慢到快。如认知障碍儿童不能用语言表达时，可采用其他方式替代，如用小棒计数等。
	2. 观察力训练	(1) 特征观察训练 能通过观察目标的典型特征找出目标对象。如在多种水果图片中，观察并找出圆圆的、紫色的水果图片，并说出是什么水果等。 (2) 顺序观察训练 能按照一定的顺序进行观察并找出目标对象。如要求认知障碍儿童按从左到右或从上到下的顺序进行观察。 (3) 视觉分割观察训练 能将目标图形用想象的横竖线来分割观察图形。如能对两张图片按四个象限分别依次观察等比较等。	(1) 康复训练准备 推荐参考书：《特殊儿童认知能力训练的原理与方法》，杜晓新著，华东师范大学出版社；《元认知与学习策略》，杜晓新、冯震著，人民教育出版社。 推荐设备：认知能力测试与训练平台，智慧康复（认知康复仪（医疗器械分类目录，2017年）、课件）。 (2) 康复训练方法 训练材料一定选择能引起认知障碍儿童足够兴趣的实物或图片，康复治疗师在表述观察要求时必须具体、明确，引导认知障碍儿童遵循一定的规律和线索，有顺序地进行观察。

续表

康复训练项目	康复目标与内容	康复教学建议
初级认知能力训练	3. 记忆力训练	
	（1）复述策略 能将之前的学习内容完整地复述出来；能将内容的重点复述出来。听到别人说出的字词、句子后能有意识地进行重复，能理解并记住故事中的详细或主要信息，能正确回答故事内容相关的问题，从而形成有意识复述的习惯。 （2）排序策略 能发现事物的排列规律，并有意识的按照这种规律进行记忆。如先呈现按大小排列的4张图片，要求认知障碍儿童记住图片的排列位置，打乱次序后，让其按原位置重新排列等。 （3）联想策略 能根据记忆目标的内容，产生一系列有关联的情景，再用一句或一段话来描述这一情景。在需要回忆时，根据这句话或这段话回忆出需记忆的内容。如先给认知障碍儿童呈现4张图片："妈妈、弟弟、葡萄、苹果"，让儿童通过语义联想记住图片顺序等。	（1）康复训练准备 推荐参考书：《特殊儿童认知能力训练的原理与方法》，杜晓新著，华东师范大学出版社；《元认知与学习策略》，杜晓新、冯震著，人民教育出版社。 推荐设备：认知康复训练平台、认知能力测试与训练仪（医疗器器做分类目录，2017年）、智慧康复（认知康复课件）。 （2）康复训练方法 在复述策略训练时，应由无保留复述过渡到保留复述。 在排序策略训练中，充分利用符号、数字、图形、量等不同的规律，如同期性变化、方向性变化、形状变化等变化等规律，引导儿童主动地寻找规律帮助记忆。 在联想策略训练时，鼓励认知障碍儿童说出联想的内容。

续表

康复训练项目	康复目标与内容	康复教学建议
中级认知能力训练	1. 推理能力训练 （1）数字序列推理 能按照自然数的各种排列规律，递加递减、单双数等进行数字序列推理。如能按照自然数排列规律在空格中填上恰当的数字等。 （2）图形序列推理 能按照图形的大小、形状、颜色等变化规律进行序列推理。如 6 幅图片中的饼干都是按照大、中、小顺序排列的，要求认知障碍儿童按顺序继续排放等。 （3）符号序列推理 能按照符号变化的规律（如旋转、附加符号的增减等）进行序列推理。如能通过已给出的 3 个图形的旋转规律，按顺时针旋转，推出第四个图形。 （4）情景序列推理 能合理解事件发生的顺序，发现事件中相关事物的逻辑关系。如能依据 4 幅吹气球过程图片，推出第五幅图片的内容。	（1）康复训练准备 推荐参考书：《特殊儿童认知能力训练的原理与方法》，朴晓新著，华东师范大学出版社；《元认知与学习策略》，朴晓新、冯震著，人民教育出版社。 推荐设备：认知康复训练平台，认知能力测试与训练仪（医疗器械分类目录，2017年）。 （2）康复训练方法 训练材料可采用图形、数字、符号、情景卡片，并利用多媒体教学设备引导认知障碍儿童仔细观察各种图示的序列规律，并鼓励儿童说出序列规律。在认知障碍儿童掌握的基础上，逐渐提升任务难度和备选答案的干扰程度。

四、课程内容

续表

康复训练项目	康复目标与内容	康复教学建议
中级认知能力训练	2. 分类能力训练 （1）能够按物体的外部特征、功用、内部属性分类 能按物体的外部特征如大小、形状、颜色等对物体进行分类，如将两种不同颜色的苹果分到两个不同颜色的盒子里等。能按物体的功用对物体进行分类，如能将交通工具和书写工具进行分类。能按物体的不同属性对物体进行分类，如能对水果和蔬菜来进行分类。 （2）能根据某种规律进行图形、符号、物体的异类鉴别 能根据图形、符号、物体、情境的某种规律，找出与此规律不同的图形、符号、物体、情境，如在4个图形中，其中3个是三角形，找出一个不同类别的图形等。	（1）康复训练准备 推荐参考书：《特殊儿童认知能力训练的原理与方法》，杜晓新著，华东师范大学出版社；《元认知与学习策略》，杜晓新著，冯震著，人民教育出版社。 推荐设备：认知康复训练平台、认知能力测试与训练仪（医疗器械分类目录，2017年）。 （2）康复训练方法 在异类鉴别训练中，宜选择认知障碍儿童熟悉的、典型的图形、符号、物体和情境，训练任务从最简单的开始，逐步增加难度，度的思维过渡到多维度的思维。 类鉴别任务采用出声思维的方式，如从单维获鉴别任务的鉴别过程，如在情境异类鉴别中，尽量致励认知障碍儿童看图说话，引导其在叙述情境中发现情境中的异同。

015

续表

康复训练项目	康复目标与内容	康复教学建议
中级认知能力训练 3.核心词语认知	（1）认识常见的人物。能正确指认和命名常见的人物。如"爸爸、妈妈、爸爸、奶奶"等。 （2）认识常见的动物。能正确指认和命名常见的动物。如"狗、猫、鸡、猪、牛"等。 （3）认识常见的食物。能正确指认、命名生活中常吃的食物。如水果、零食等。 （4）认识身体部位。能正确指认、命名身体部位。如"眼睛、鼻子、嘴巴、耳朵、眉毛、头发"等。 （5）认识常用物品。能正确指认、命名衣物、玩具、交通工具、洗漱用品、学习用品等。 （6）认识常见的动作和行为。能正确指认、命名简单动作、常见活动及行为等。 （7）认识常见物品的特征。能正确指认、命名常见物品的外形特征、颜色特征、质地特征和味道特征等。	（1）康复训练准备 推荐设备：早期语言障碍评估与干预仪（国食药监械〔2011〕231号）、智慧康复（语言康复课件）。 （2）康复训练方法 在认识常见人物和物品的训练中，要充分利用各种实物和图片等素材，帮助康复对象理解并指认（指认的形式包括眼神、动作或口头）以及命名生活中常见的人或物。 在常见动作及活动的学习中，要通过感知体验、模仿等方法，帮助康复对象感受、理解并区分不同的动作，并能够正确表达动作名称。

五、课程实施建议

（一）康复训练建议

1. 康复训练目标明确清晰

每一项康复训练的目标要明确、清晰，每次教学不宜安排过多教学目标。康复治疗师根据训练目标细化学习内容，针对认知障碍儿童的程度合理安排学习顺序。

2. 康复训练注重规范化操作，过程循序渐进

在认知康复训练的实践过程中，根据认知障碍儿童的认知康复需求，形成规范化的操作流程（如图2）。在正式进入训练之前，首先对认知障碍儿童进行常规评估，该评估包括启蒙知识评估和认知能力评估，以了解该儿童的认知状况及所处阶段。如果其尚未掌握视听感知能力以及颜色、图形、数字等启蒙认知知识，则需进入启蒙训练，启蒙训练包括感知训练和启蒙知识训练，感知训练以"视听唤醒"和"视觉追踪"为主要内容，其目的在于提高认知障碍儿童视觉和听觉的感知能力，增加注意力和观察力的维持时间；启蒙知识训练包括颜色、图形、时间、空间、数字、物体的量等基础启蒙认知知识。

若认知障碍儿童已经能够掌握大部分核心词语、颜色、图形等启蒙认知知识，则需进入认知能力训练，认知能力训练包括注意力、观察力、记忆力、推理能力、分类能力以及核心词语的认知训练。在训练前后加入前测和后测，评估认知障碍儿童训练前后对训练内容的掌握情况，从而有效检验本次个训的效果。认知康复训练要与家庭康复紧密结合，巩固认知康复效果。具体的认知康复流程及规范化操作参见附录1：认知障碍精准评估与康复训练规范化操作。其中核心词语认知训练的内容和流程参见附录2：核心词语的认知规范化操作。

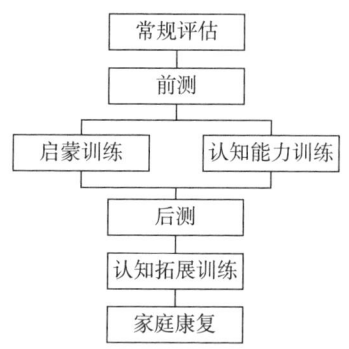

图 2　认知障碍康复规范化操作流程

3. 康复训练形式灵活多样

认知康复训练过程常见的组织形式有四种：集体康复训练、小组康复训练、个别化康复训练和远程康复训练。

（1）集体康复训练。

集体康复训练是在认知障碍儿童数量较多，认知障碍儿童之间差异性较小时使用的康复形式，一般人数在 8 人左右，需家长的共同参与，每课时为 30～40 分钟。

（2）小组康复训练。

在小组康复训练中，高级康复治疗师将训练内容多点分配，通过康复设备对训练过程实时监控，初级康复治疗师实施一对一的康复训练，是一种高效的一对多的康复训练模式。

（3）个别化康复训练。

个别化康复训练是指治疗师利用现代设备和康复手段，针对认知障碍儿童存在的问题，进行一对一的康复训练形式。

（4）远程康复训练。

在常规的康复训练之外，康复治疗师可借助康复云平台，以处方作业的形式，帮助家长进行家庭康复训练。在受到时间、地域等因素限制的情况下，还可依托互联网参与智慧康复，以远程指导的组织形式，由康复治疗师通过网络进行儿童认知能力的评估，指导家长进行康复训练。

4. 康复训练材料丰富有趣

认知康复训练可供选择的材料有很多,如认知能力测试与训练仪、康复课件、玩具教具、自制康复材料等。例如认知能力测试与训练仪包含认知能力测试与评估以及认知能力训练两大功能,基于云康复平台的康复课件内容丰富,包含有启蒙知识训练及基本认知能力训练所需要的各种素材。启蒙知识康复课件包括颜色、形状、物体的量、数概念、时间、空间等六部分内容;基本认知能力训练课件包括注意力、观察力、记忆力等三部分内容。同时可使用多种多样的教具进行认知康复训练,例如开发的游戏版填空篇、游戏版联想篇、游戏版分类篇、游戏版概念篇、沟通辅具(AAC)、积木、气球、玩偶、皮球、文具、餐具、跳棋等等,都可用作康复教具。

康复治疗师可根据训练内容,结合儿童自身的情况,充分利用可获得的软硬件条件自制康复材料,达到针对性康复的效果。整合多媒体设备的集成性、控制性和交互性,玩教具的补偿性、转换性和操作性,自制康复材料的针对性和方便性,结合儿童的实际情况,综合选择康复训练材料,让儿童在轻松愉快的环境中进行康复训练。

(二)康复评价建议

1. 康复评价的目的和意义

评价是认识康复训练课程实施中的重要一环。评价包括对认知障碍儿童能力的前期评价、发展性评价以及终结性评价,三者相结合,构成一个整体的康复评价体系。

开展前期评价的目的在于了解认知障碍儿童在康复训练方面的学习需要,找出认知障碍儿童已达到的学习基线,制订相应的学习计划。在训练过程中进行发展性评价,有助于康复治疗师了解认知障碍儿童的学习进程,及时修改和调整教学计划。终结性评价能够在完成阶段性课程后提供教学反馈,检验教学效果,为下一阶段教学找准目标。

教学中对认知障碍儿童的评价可参照本标准中的目标与要求，以目标为导向评估认知障碍儿童的康复效果，并根据实际有针对性地探索适合认知障碍儿童的评估指标体系。

2. 康复评价的原则和方法

（1）认知能力评估与训练相结合。

康复评估的根本目的是全面了解认知障碍儿童的认知发展水平，为制订和调整康复训练计划提供依据，使康复训练过程更符合认知障碍儿童的发展需要。

（2）认知能力评估与其他评估相结合。

认知能力是综合的、立体的，与其他能力交织在一起，具有现实的鲜活性和复杂性。在对认知障碍儿童进行评估时，应把认知能力评估和语言能力评估等结合起来进行全面的评估。

（3）过程性评价与终结性评价相结合。

既注重考查认知障碍儿童康复教学过程，又注重考查其康复训练结果，才能对认知障碍儿童做出一个相对全面、真实、准确的结论。

（4）静态评估和动态评估相结合。

静态评估有助于横向比较，分析认知障碍儿童在某阶段是否达到了普通儿童发展水平；动态评估有助于康复治疗师了解认知障碍儿童的进步情况，二者结合才能扬长避短，优势互补。

3. 保障康复课程实施的建议

（1）康复师资配备。

医院、康复中心和特殊教育学校应配备专（兼）职康复治疗师，支持康复治疗师接受专业培训。医院、康复中心和特殊教育学校可以聘请相关专业人士指导本单位专（兼）职康复治疗师开展康复工作。

为保证对认知障碍儿童认知康复能力进行科学评估和有效训练，在必要时可配备助理康复治疗师，协助评估与训练工作。

（2）康复资源开发利用。

医院、康复中心和特殊教育学校应配备相应的认知康复设备，采用多种形式和丰富的训练材料进行认知康复训练，同时伴随互联网技术的发展，可逐渐将智慧康复引入认知康复训练过程，作为机构与家庭康复训练的桥梁。充分开发和利用智慧康复资源，如认知能力测试与训练仪、康复课件、玩具教具、自制康复材料等。以康复云平台的形式，整合优质康复资源，用于认知障碍患者的康复训练和远程指导（如小小虎在线）。广泛联合校外的高校、医院、残联、民政部门、康复机构、家庭等社会资源，开发适宜的认知康复课程，并加快康复治疗师的培训进程。

（3）康复训练管理。

医院、康复中心和特殊教育学校要规范认知障碍儿童档案创建、使用和归档的工作，包括认知障碍儿童的基本信息、初评结果、认知康复训练课堂记录和过程性评价、每学期的阶段性评价等重要信息，也可和电子档案相结合，方便提取和查找。

组织康复治疗师开展针对认知障碍儿童认知个别化康复训练的讨论学习、训练示范，及时总结经验，不断提高康复治疗师教育康复技能，保证认知障碍儿童接受高质量的康复训练。

附录1　认知障碍精准评估与康复训练规范化操作

一、康复团队

认知障碍精准评估与康复训练主要以机构康复为主，由康复师为患者提供个别化的康复训练。认知障碍康复团队由一名中级（或高级）康复师和若干名基层（或初级）康复师组成。其具体任务分工如下：

1. 中级（或高级）康复师负责"精准评估"，制订"康复方案"；
2. 基层（或初级）康复师负责按照"康复方案"，实施康复训练。

二、康复流程

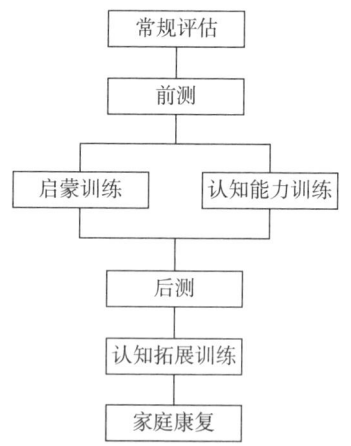

图1　认知障碍康复规范化操作流程

（一）常规评估

首先，经综合筛查，显示某 6 岁儿童存在认知障碍，且仍停留在认知的 3 级水平，即能在对比中指出高矮、长短、多少、轻重和胖瘦，但对于空间、时间、数字及其运算等方面存在较严重的认知障碍，那么此类儿童急需进行认知的精准评估与有效训练。在正式进入训练之前，首先对该儿童进行认知的精准评估，包括启蒙知识的精准评估和认知能力的精准评估，明确该儿童处于认知的哪一阶段以及具体的认知状况，为后续的认知训练制订康复方案。为及时调整康复方案，建议常规评估每两周进行一次，中（高）级康复师也可根据儿童的实际康复情况进行调整。

认知障碍的常规评估包括两部分内容，分别是启蒙知识的评估和认知能力的评估。在首次评估前，要将该儿童的基本信息填写完整，明确该儿童的主要交流方式。进入正式评估时，打开"认知能力测试与训练仪"软件（如图 2），选择"认知测试"，进入启蒙知识评估和认知能力评估界面（如图 3）。

图 2　认知能力测试与训练仪

图 3　认知测试界面

1. 启蒙知识评估

启蒙知识评估包括"颜色、图形、数概念、时间、空间、物体的量"六部分内容（如图 4），以考察儿童能否正确匹配、指认和命名相关概念。其中"颜色"和"图形"的评估采用"指认"和"命名"两种形式（如图 5），在评估过程中只要有一种形式正确，即可获得 1 分。"数概念、时间、空间、物体的量"这四部分的评估主要采用"选择"和"填空"的形式，正确得 1 分，错误为 0 分。

图 4　启蒙知识评估内容

图 5　选择测试形式

启蒙知识测试的内容完成之后,点击"统计"按钮即可查看启蒙知识"评估结果"(如图6),点击"导出"按钮,就可将评估结果以表格的形式导出,并计入"认知障碍常规评估表"中。

图 6　启蒙知识评估结果

2. 认知能力评估

在认知测试界面(如图3)选择"认知能力评估",认知能力评估包括"空间次序、动作序列、目标辨认、图形推理、逻辑类比"

五个部分（如图7），分别针对儿童的注意力、观察力、记忆力、推理能力和分类能力进行有效评估。

图7　认知能力评估内容

（1）空间次序。

主要考察儿童对空间排列物体的记忆能力。（涉及对注意力、观察力、记忆力的考察）

测验要求：儿童按特定的位置排列常见的水果图片。通过变换物体空间次序排列的数量及位置来不断增加题目难度。

（2）动作序列。

主要考察儿童对动作排列次序的记忆能力。（涉及对注意力、观察力、记忆力的考察）

测验要求：儿童辨别不同的手势，并按照呈现的先后顺序进行排列。通过变换动作排列的数量及复杂性以增加难度。

（3）目标辨认。

主要考察儿童整合片断信息的能力，测试学前儿童对事物、人物等的辨认能力、观察力和分析比较能力。

测验要求：儿童通过人或物的一种或几种显著特征来辨别目标事物。

(4)图形推理。

主要测试儿童依据各类图形关系进行逻辑推理的能力。

测验要求：儿童根据图形排列的规律，补全图中所缺的图形。

(5)逻辑类比。

主要测试儿童依据数字、符号及事件之间的逻辑关系进行类比的能力。

测验要求：儿童根据已有的一组事物的逻辑关系，来推理出全新的一组事物。

完成认知能力测试之后，点击"统计"按钮即可查看认知能力评估结果（如图8），点击"导出"按钮，就可将评估结果以表格的形式导出，并计入"认知障碍常规评估表"中。

图8 认知能力评估结果

以上每项评估内容都有8道题，总分为8分，按发育情况分为5个水平，1分为迟滞；2~3分为不良；4~6分为正常；7分为良好；8分为超好。

完成启蒙知识评估与认知能力评估之后，综合分析结果并制定训练计划。根据儿童目前的认知状况选择进入启蒙训练或认知能力训练，中（高）级康复师可根据儿童认知发展的实际情况进行两个训练阶段之间的有序跳转。

（二）启蒙训练

1. 感知训练

（1）前测—后测

感知训练以"注视、追视、视线追踪"为主要内容，其目的在于提高儿童视觉和听觉的感知能力，增加注意力和观察力的维持时间。在进行精准评估时所使用的是"前语言唤醒"中的"视觉追踪"板块，选择其中一项作为训练内容，比如"注视"—"注视单点"，选择模式"玩一玩"进行前测（如图9）。前测题目完成3道即可，完成之后点击"返回"按钮，即可查看评估结果（如图10），并根据结果填写"认知障碍精准评估表—启蒙训练1"（如表1）。

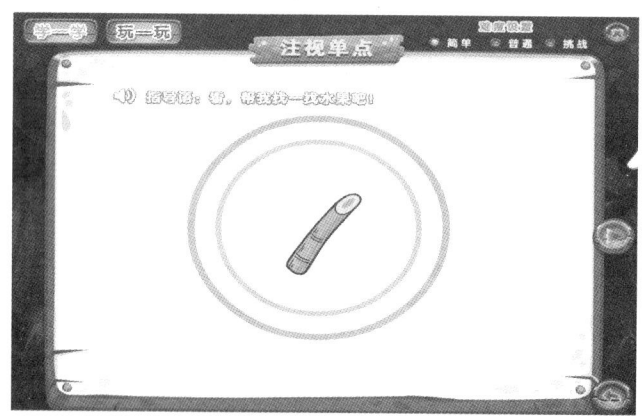

图9　感知训练—注视单点前测

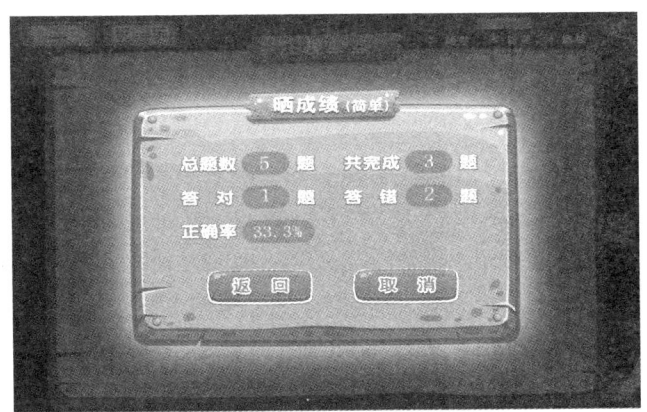

图 10　感知训练—注视单点前测结果

表 1　认知障碍精准评估表—启蒙训练 1

日期	类型	内容	正确率 /%		设备
			前测	后测	
10月20日	☑ 注视 ☐ 追视 ☐ 视线追踪	注视单点	33.33	100	认知能力测试与训练仪
10月21日	☑ 注视 ☐ 追视 ☐ 视线追踪	注视多点1	33.33	66.7	认知能力测试与训练仪

（2）感知训练内容

感知训练以视觉感知训练为主，包括注视、追视和视线追踪，通过训练帮助患者建立正常的视觉感知方式，提高视觉感知的能力。其具体训练内容如表 2 所示。

表 2　感知训练主要内容

训练类型	主要内容
注视	注视单点
	注视多点1
	注视多点2

续表

训练类型	主要内容
追视	追视垂直方向1
	追视垂直方向2
	追视水平方向
	追视斜线方向
视线追踪	视线互动
	视线追踪面对面
	视线追踪近距离

（3）感知训练方法

感知训练中所使用的是"前语言唤醒"中的"视觉追踪"板块（如图11），通过"学一学"和"玩一玩"两种训练方法，帮助患者掌握注视、追视和视线追踪能力。"学一学"通过指导语的提示，以及卡通动画的视觉刺激，帮助患者初步掌握注视、追视和视线追踪能力。"玩一玩"分为"简单""普通""挑战"三种难度等级，康复治疗师可根据实际情况选择最适合患者的一项进行训练（如图12）。

图11 前语言唤醒—视觉追踪

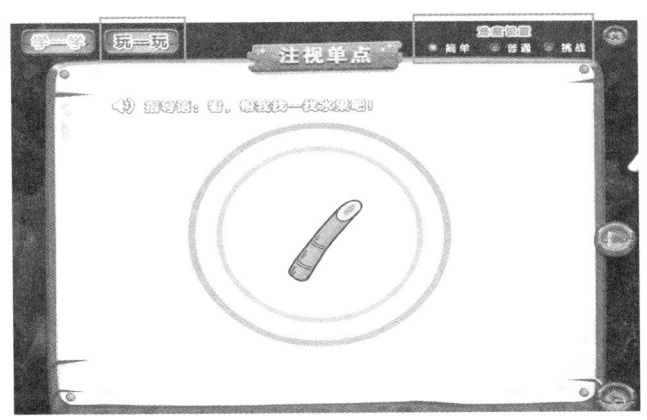

图 12 注视单点训练

2. 启蒙知识训练

（1）前测—后测

启蒙知识训练包括"颜色、图形、数概念、时间、空间、物体的量"等基本的认知训练内容，在进行启蒙知识训练之前首先根据本次个训内容进行前测，并填写"认知障碍精准评估表—启蒙训练2"（如表3），在训练结束后进行后测，后测题目与前测相同。

表3 认知障碍精准评估表—启蒙训练2

日期	主题	内容	前测	后测
11月1日	图形	三角形	指认 1 分　命名 0 分	指认 1 分　命名 1 分
		正方形	指认 0 分　命名 0 分	指认 1 分　命名 0 分
		圆形	指认 1 分　命名 1 分	指认 1 分　命名 1 分
		半圆形	指认 0 分　命名 0 分	指认 1 分　命名 0 分
		总计	指认 2 分　命名 1 分	指认 4 分　命名 2 分

（2）启蒙知识训练内容

该部分的训练内容比较基础，包括"颜色、图形、数概念、时间、空间、物体的量"等启蒙认知知识，通过启蒙知识的训练，使儿童能够正确配对、指认、命名不同的"颜色、图形、数概念、时间、空间、物体的量"等相关概念，具体训练内容见表4。

表4 启蒙知识训练主要内容

训练类型	主要内容
颜色	红黄蓝
	绿黑白
	紫棕橙
图形	圆形
	三角形
	正方形
	长方形
	梯形
	对称图形
	分合图形
数概念	口头数数
	按物点数
	按数取物
	认识相邻数
	认识序数
时间	认识白天黑夜
	认识时钟
	认识星期
空间	认识上下
	认识里外
	认识旁边和中间
	认识左右
物体的量	认识大小
	认识多少
	认识高矮
	认识胖瘦
	认识轻重

（3）启蒙知识训练方法

打开"小小虎在线"客户端，选择"认知康复课件"—"启蒙知识训练"，这部分的课件包括"认识颜色、认识图形、认识数字、认识时间、认识空间、认识物体的量"等六部分内容（如图13），可根据认知障碍儿童的认知评估结果，选择其尚未习得的内容，进行针对性训练。

认识颜色　　　　　　　　　　认识图形

认识数字　　　　　　　　　　认识时间

认识空间　　　　　　　　　认识物体的量

图13　认知康复课件—启蒙知识训练

以"认识颜色"中的红色为例，课件通过"配一配""认一认""找一找""玩一玩"四种练习形式，帮助认知障碍儿童能够正确指认和命名红色。"配一配"是帮助认知障碍儿童练习颜色的配对，较为简单，容易操作；"认一认"以学习的形式，帮助认知障碍儿童习得红色；"找一找"要求认知障碍儿童能够在有干扰项的情况下正确指认红色；"玩一玩"要求认知障碍儿童能够在多个不同类别、不同颜色的干扰项下，准确找出红色，巩固习得效果（如图14）。

图14 认知康复课件—认识红色

（三）认知能力训练

1. 基本认知能力训练

（1）前测—后测

基本认知能力训练包括"注意力、观察力、记忆力"三部分内容。以注意力训练为例，进行前测时，打开"认知能力测试与训练仪"，进入"认知训练"，选择"注意力"，并勾选需要进行前测的内容（如图15），点击"开始"即可。

图 15 注意力—前测

完成前测之后，填写"认知障碍精准评估表—认知能力训练1"（如表5），后测题目与前测相同。

表 5 认知障碍精准评估表—认知能力训练 1

时间	类型	内容	正确率 /%		设备
			前测	后测	
11月15日	注意稳定性	第1级 视觉注意稳定性	33.33	100	认知能力测试与训练仪
11月16日	注意稳定性	第2级 听觉注意稳定性	33.33	66.67	认知能力测试与训练仪

（2）基本认知能力训练内容

该部分的训练针对的是儿童的基本认知能力——注意力、观察力、记忆力，其具体训练内容如表6所示。

表6 基本认知能力训练主要内容

训练类型	主要内容	
注意力训练	第1级	视觉注意稳定性
	第2级	听觉注意稳定性
	第3级	视觉注意稳定性
	第4级	听觉注意稳定性
	第5级	注意稳定性
观察力训练	第1级	顺序观察法
	第2级	特征观察法
	第3级	顺序观察法和特征观察法
	第4级	顺序观察法和特征观察法
	第5级	视觉分割法
记忆力训练	第1级	短时记忆
	第2级	内涵记忆
	第3级	外部特征记忆
	第4级	情境记忆
	第5级	序列记忆

（3）基本认知能力训练方法

基本认知能力训练包括"注意力、观察力、记忆力"三部分内容，可通过"认知能力测试与训练仪"、"认知康复课件—基本认知能力训练"以及"认知支持"等三个辅助工具进行康复训练。

① 认知能力测试与训练仪

打开认知能力测试与训练仪，选择"认知训练"，在"注意力、观察力、记忆力"这三项内容中，根据认知障碍儿童的认知发展情况，勾选训练内容，以注意力训练为例（如图16），分为5个训练等级，遵循由易到难、循序渐进的原则进行训练。

附录1 认知障碍精准评估与康复训练规范化操作

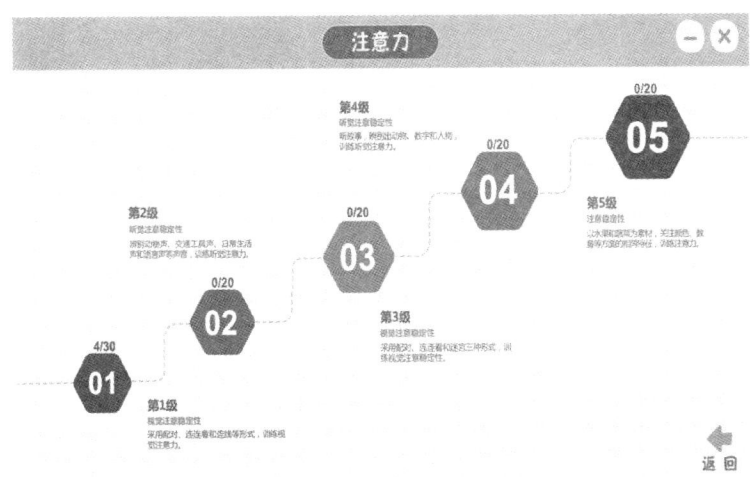

图16 注意力训练

以注意力训练第 1 级视觉注意稳定性为例，要求认知障碍儿童在 6 个干扰项下找出"苹果"，并通过不断增加干扰项和物体的类别来提高训练难度（如图 17）。

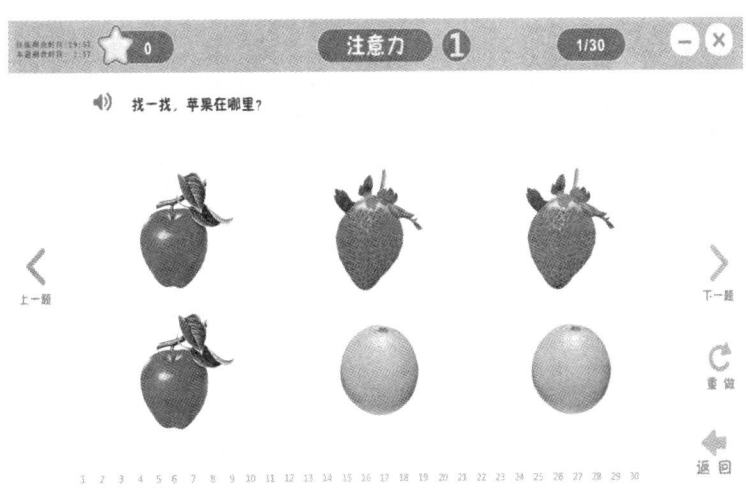

图17 第 1 级 视觉注意稳定性训练

② 认知康复课件—基本认识能力训练

打开"小小虎在线"客户端，选择"认知康复课件"—"基本认知能力训练"，根据认知障碍儿童的认知评估结果选择适合的训练课件。以注意力训练为例，该部分课件包括注意稳定性训练、注意广度训练、注意转移训练以及注意分配训练（如图18）。

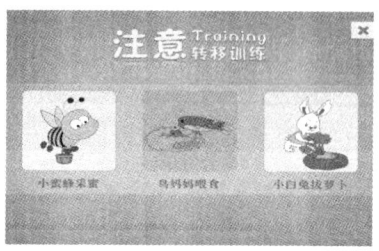

图18　认知康复课件—注意力训练

③ 认知支持

认知支持作为中级训练的扩展内容，主要是对患者的基本认知能力进行训练，包括注意力训练、记忆力训练以及观察力训练三个部分。每一部分的训练从不同的角度入手并结合不同的方法，以灵活有趣的方式对认知障碍儿童的基本认知能力不断地进行提升（如图19）。

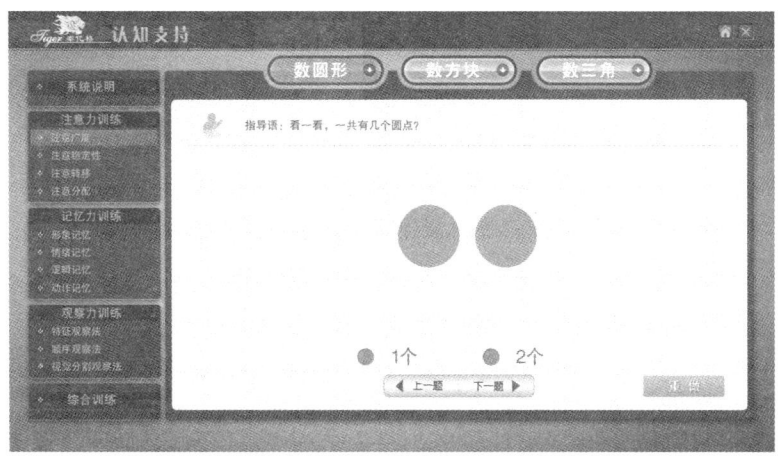

图 19 认知支持

2. 高级认知能力训练

（1）前测—后测

高级认知能力训练包括分类能力训练和推理能力训练两个部分，以推理能力训练为例，分为"图形认知、数字认知、序列认知"三部分，其训练目的是帮助认知障碍儿童进行图形、数字以及符号的推理，提高认知障碍儿童的推理能力。在进行前测时，打开"认知能力测试与训练仪"，进入"认知训练"，选择"图形认知"，并勾选需要进行前测的3道题目（如图20），点击"生成处方"即可。

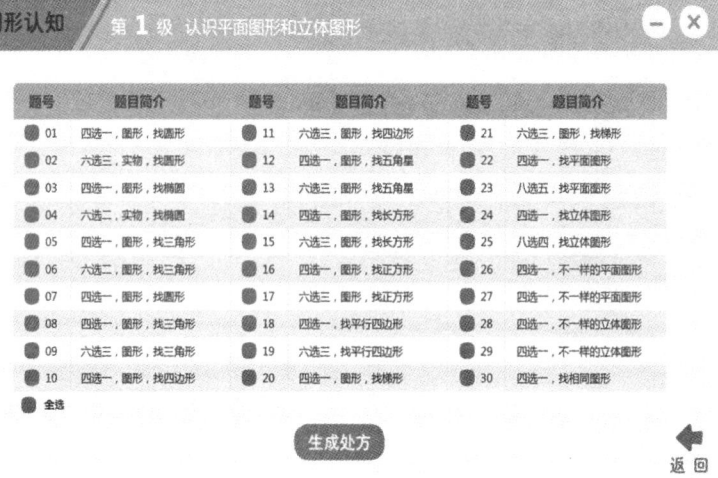

图 20　推理能力训练—图形认知—前测

完成前测之后，填写"认知障碍精准评估表—认知能力训练 2"（见表 7），后测题目与前测相同。

表 7　认知障碍精准评估表—认知能力训练 2

时间	类型	内容	正确率 /%		设备
			前测	后测	
11 月 20 日	推理能力训练—图形认知	第 1 级 认识平面图形和立体图形	66.67	100	认知能力测试与训练仪
11 月 21 日	推理能力训练—图形认知	第 2 级 分解和组合平面图形	33.33	66.67	认知能力测试与训练仪

（2）高级认知能力训练内容

该部分的训练针对的是儿童的高级认知能力——分类能力、推理能力，其具体训练内容如表 8 所示。

表8 高级认知能力训练主要内容

训练类型		主要内容	
分类能力训练	异类鉴别	第1级	动物和人物的鉴别
		第2级	蔬菜和水果的鉴别
		第3级	餐具和衣服的鉴别
		第4级	文具、电器和家具的鉴别
		第5级	玩具、交通工具和乐器的鉴别
	同类匹配	第1级	找出一样的水果
		第2级	找出一样的动物
		第3级	找出一样的蔬菜
		第4级	找出同类的水果、动物和蔬菜
		第5级	找出同类的玩具和餐具
		第6级	找出同类事物
		第7级	物品分类
推理能力训练	图形认知	第1级	认识平面图形和立体图形
		第2级	分解和组合平面图形
		第3级	图形认知
		第4级	图形推理
		第5级	图形推理
	序列认知	第1级	动作排序
		第2级	动作排序
		第3级	动作排序
		第4级	时间排序
		第5级	故事情节排序
	数字认知	第1级	点物报数和按数取物
		第2级	序数认知
		第3级	单数和双数训练
		第4级	等量代换
		第5级	加减运算

（3）高级认知能力训练方法

高级认知能力训练包括分类能力训练和推理能力训练两个部分，打开"认知能力测试与训练仪"，进入"认知训练"，以推理能力训练为例,可进行"图形认知、序列认知、数字认知"三部分训练。根据儿童的认知情况选择适合的训练内容,比如"图形认知训练"(如图21)。

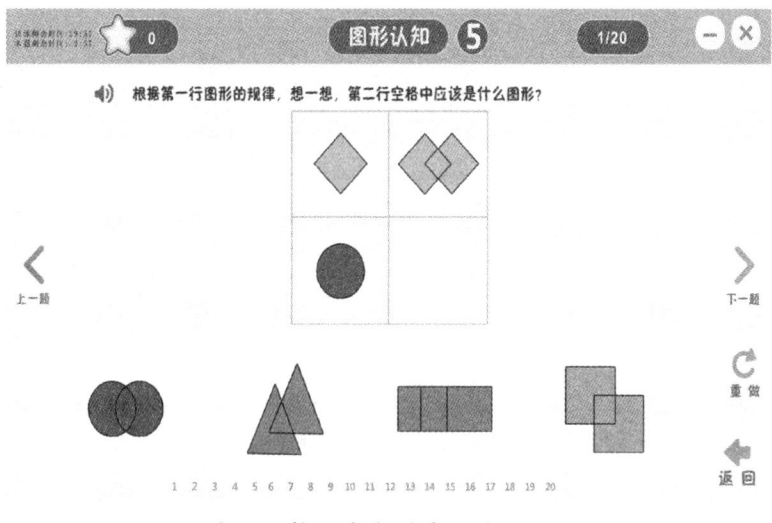

图21 推理能力训练—图形认知

(四)家庭康复

儿童的认知个训结束之后,治疗师可根据本次儿童的训练情况,以"小小虎在线"平台为例,为家长推荐不同的认知课件或者其他认知训练内容作为家庭康复的内容,以巩固儿童的认知康复效果。

附录2 核心词语的认知规范化操作

一、康复团队

"一托四"小组康复团队主要由1名中级（或高级）康复师、1名基层（或初级）康复师、3~4名（与小组儿童人数相同）实习生（或新手康复师）、3~4名（与小组儿童人数相同）家长（或家属）以及1名引导员组成。

1. 中级（或高级）康复师负责"精准评估"，制订"康复方案"；
2. 基层（或初级）康复师负责指导实习生（或新手康复师）实施康复训练；
3. 实习生（或新手康复师）负责实施康复训练；
3. 引导员负责引导家长（或家属）和儿童根据课时安排进入相应的治疗室；
4. 中级（或高级）康复师负责生成"家庭康复"处方作业；
5. 由家长（或家属）负责按照中级康复师要求进行家庭康复。

二、康复流程

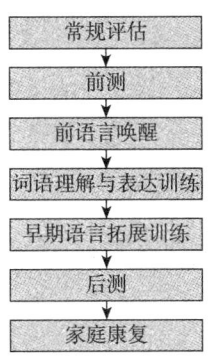

图1 核心词语认知康复操作流程

（一）常规评估

经综合筛查显示，认知障碍儿童语言沟通能力处于 2～4 级，即有意识交流阶段向单词阶段过渡。此类认知障碍儿童进入早期语言小组进行康复训练。进入小组后首次进行常规评估，明确该认知障碍儿童核心名词、动词和形容词的获得情况，为后续的训练制订小组康复方案。为及时调整康复方案，建议常规评估每两周进行一次，中级（或高级）康复师也可根据儿童实际康复情况做出调整。

核心词语障碍常规评估内容包含 134 个名词、50 个动词和 54 个形容词，依据类别及习得难易程度划分为四个单元。首次评估采用第一单元，分别进行名词与动词的理解与表达评估。正式评估前，将认知障碍儿童的基本信息填写完整，明确认知障碍儿童的主要交流方式。进入正式评估，打开"早期语言评估—核心词语评估"软件（如图 2），选择词语后进行词语理解和表达评估（如图 3）。

图 2 早期语言评估—核心词语评估

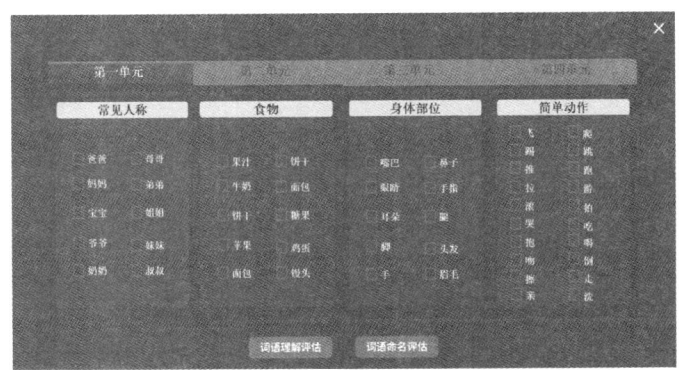

图 3　选择词语

词语理解评估采用二选一的方式,软件自动播放指导语"请找出××"后可进行选择,每道题评估 1 次(如图 4)。答题完毕后点击返回键即可查看评估结果(如图 5)。

图 4　词语理解评估

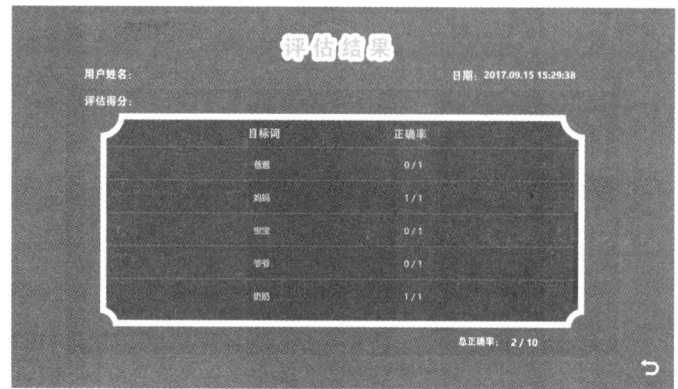

图 5　查看评估结果

词语表达评估针对交流方式为口语的儿童，软件自动播放指导语"这是什么"，每道题评估 1 次（如图 6）。答题完毕后点击返回键即可查看评估结果。

图 6　词语表达评估

完成一个单元的评估后，分析结果并制订训练计划。建议当该单元的词语理解、词语表达的正确率达 80% 时，便可认为该认知障碍儿童可进入下一单元的评估与训练，中级（或高级）康复师也可根据儿童语言发展的实际情况进行各单元之间的跳转。

若认知障碍儿童同时存在认知问题，中级（或高级）康复师可在早期语言小组康复增加认知训练的内容，作为早期语言的辅助训练，以满足儿童认知语言的同步发展，具体内容如表1。若需进行针对性的认知训练，则参考认知障碍评估与训练规范化操作。

表1　早期语言康复内容与认知课件的对应表

语言主题	认知课件	语言主题	认知课件
第一单元	特征观察法——动物、人物、水果	第二单元	视觉分割法——动物
第二单元 外形特征 类形容词	认识大小	第三单元	视觉分割法——交通工具、生活用品
	认识多少	第三单元 颜色特征 类形容词	认识红色
	认识高矮		认识黄色
	认识胖瘦		认识蓝色
	认识轻重		认识绿色
	认识长短		认识黑色
第三单元 方位名词	认识上下		认识白色
	认识前后		认识紫色
	认识旁边和中间		认识棕色
	认识左右		认识橙色
	顺序观察法		注意稳定性——找颜色

（二）前测

1. 流程

首先，中级（或高级）康复师使用"早期语言评估与干预仪"5分钟完成一名认知障碍儿童的核心词语前测、填写记录表，前测内容根据常规评估结果来确定。其次，当认知障碍儿童具备口语表达能力时，采用"言语障碍测量仪"5分钟完成一名认知障碍儿童的言语支持前测、填写记录表。

根据前测结果发送康复方案到1号治疗室的"小组端"电脑，每次发送不超过5个词。引导员将第一名认知障碍儿童及家长（或家属）带进1号治疗室，同时将第二名儿童及家长（或家属）带入治疗室进行前测，如此循环往复。

2. 评估内容

表2　早期语言康复前测表

评估内容		语料	评估指标	设备
语言	核心词语理解	1. 首次评估选择常规评估结果来确定 2. 后续评估根据儿童能力情况选择适合的核心词语 3. 每次评估只选3~5个词	词语习得数量（个） 正确率/%	TL4 小组 康复
	核心词语表达			
言语支持	停顿起音	单音节词或双音节词 发声状态：停顿（适中）vs 停顿（缓慢）	音节间停顿/s	TS1 设备
	音节时长	单音节词或双音节词 发声状态：习惯发声 vs 音节延长	音节时长/s	
	音调变化	单音节词或双音节词 发声状态：习惯音调 vs 高音调/低音调	平均基频/Hz	

（三）康复训练

1. 流程

进入治疗室后，由基层（或初级）康复师与家长（或家属）、实习生（或新手康复师）共同沟通本次训练的要点并指导训练。

中级（或高级）康复师使用"主控端"电脑监控治疗室的训练情况：首先通过"消息栏"确定康复方案是否成功发送；其次训练过程中通过"PC画面监控"进行情况监控；最后通过"训练记录栏"查看小组终端提交的"训练结果"。

在训练过程中，基层（或初级）康复师与实习生（或新手康复师）无法解决问题时，可通过对讲机与中级（或高级）康复师及时沟通。当基层（或初级）康复师呼叫中级（或高级）康复师时，中级（或高级）康复师应前往相应治疗室进行指导。

2. 训练内容

训练内容分为前语言唤醒和词语训练。兴趣导入部分的时间和内容可以根据儿童的实际情况来确定；完成导入后，再根据中级（或高级）康复师发送的康复方案进行训练。

（1）前语言唤醒

打开"启智博士—前语言唤醒"软件，选择适合的训练内容（如图7、图8）。唤醒时长可根据儿童注意力时长决定，当儿童观看视频的注意力为5分钟时，可先播放5分钟视频，发现其注意力开始转移时，立刻更换训练内容，即切换到L4词语训练的内容。

图7　启智博士—前语言唤醒

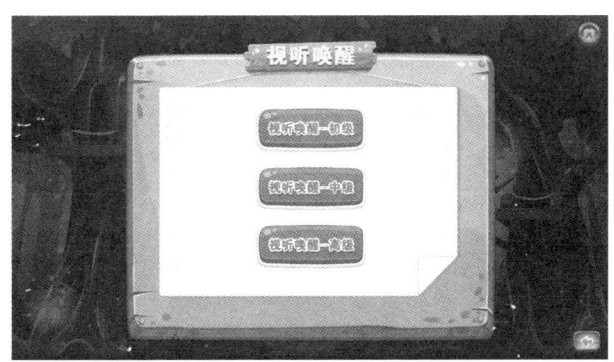

图8　选择唤醒内容

（2）词语理解与表达训练

可使用 TL4 小组康复软件中词语训练的学习、启蒙、初级、中级、高级等几个等级进行词语理解与表达训练（如图 9、图 10）。

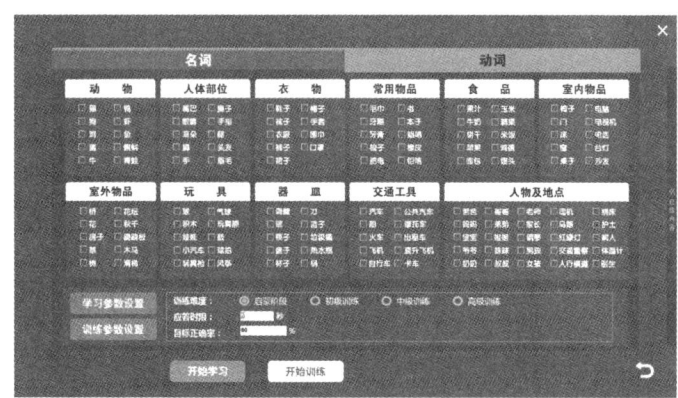

图 9　词语认识——名词

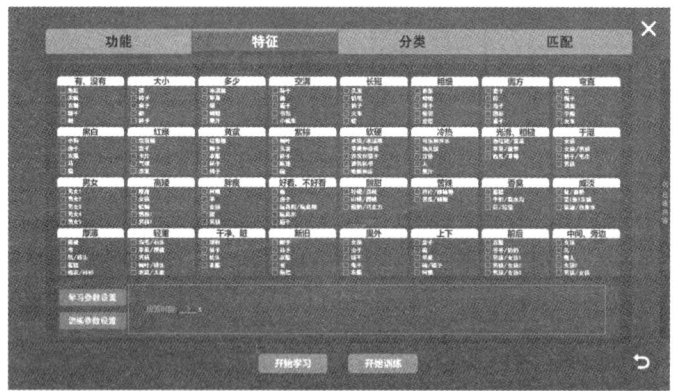

图 10　词语认知——特征词

（3）早期语言拓展训练

打开"启音博士——言语障碍矫治仪"，选择适合的训练内容（如图 11、图 12）。当儿童具备口语表达的能力，但由于呼吸、发声问题导致言语可懂度较差时，可使用言语障碍矫治仪中的语言拓展板块进行针对性训练。

图 11　言语障碍矫治仪

图 12　语言拓展训练

（四）后测

每练习完一个词语，基层（或初级）康复师、实习生（或新手康复师)、家长（或家属）通过软件将训练结果反馈给中级（或高级）康复师，同时中级（或高级）康复师评判并记录认知障碍儿童的核心词语习得情况。

当训练结束后，由引导员引导家长或家属和认知障碍儿童到中级（或高级）康复师处进行言语支持的后测。

（五）家庭康复

中级（或高级）康复师根据后测结果开出家庭康复处方作业，家长（或家属）扫描二维码获得处方作业。在门诊"家长汇"或回家后登陆"小小虎在线"进行康复训练。

第二天训练开始前，家长（或家属）将康复训练结果反馈给实习生（或新手康复师），在训练前测时再将结果反馈给中级（或高级）康复师，中级（或高级）康复师结合上次康复训练后测结果和家庭康复训练结果决定本次课程的前测内容和训练内容，如此循环往复。

（六）结果记录

表3 前语言唤醒训练

日期	主题	词语理解与表达内容	前测	后测
9月15日	食物	牛奶	理解 1 分　表达 0 分	理解 1 分　表达 1 分
		饼干	理解 1 分　表达 0 分	理解 1 分　表达 1 分
		鸡蛋	理解 1 分　表达 0 分	理解 1 分　表达 0 分
		米饭	理解 0 分　表达 0 分	理解 1 分　表达 0 分
			理解 ＿ 分　表达 ＿ 分	理解 ＿ 分　表达 ＿ 分
		总计	理解 3 分　表达 0 分	理解 4 分　表达 2 分

续表

日期	主题	词语理解与表达内容	前测	后测
			理解__分 表达__分	理解__分 表达__分
			理解__分 表达__分	理解__分 表达__分
			理解__分 表达__分	理解__分 表达__分
			理解__分 表达__分	理解__分 表达__分
			理解__分 表达__分	理解__分 表达__分
		总计	理解__分 表达__分	理解__分 表达__分

评价：经过训练后，儿童能够理解和表达牛奶和饼干，能理解鸡蛋和米饭，但不能表达。

建议家长在家中完成以下训练：

① 完成处方作业"食物"—牛奶、饼干、鸡蛋和米饭，在日常生活中巩固儿童对词语的理解和命名。

② 结合语言拓展训练，进行"鸡蛋"和"米饭"的命名训练，在训练过程中让儿童掌握停顿起音的要求。